FRAGMENTS ET LETTRES

D'UN

ÉTUDIANT=SOLDAT

(1914-1915)

FRAGMENTS et LETTRES

D'UN

Étudiant-Soldat

(1914=1915)

PRIX : 1 fr.

PARIS

LIBRAIRIE GÉNÉRALE ET PROTESTANTE

48, RUE DE LILLE

—

1917

Les lettres que contient ce petit volume veulent rester anonymes.

Qu'il suffise au lecteur de savoir que celui qui les a écrites était un jeune étudiant chrétien, devenu l'un des innombrables et modestes acteurs du grand drame de la guerre actuelle.

Assoiffé, comme toute sa vaillante génération, d'action et de vie intense, mais en même temps profondément épris d'idéalisme, il avait résolu de consacrer ses efforts, sa pensée, sa vie, à mettre de la lumière dans les âmes.

Survint la guerre, avec ses obligations tragiques. Appelé sous les armes en décembre 1914 (il avait dix-neuf ans), il fit son apprentissage militaire avec conscience, avec décision.

Mais, en même temps, il continuait à vivre intensément dans les recherches de sa pensée, dans la communion avec les beautés de la nature, dans la profondeur de ses affections et de ses élans religieux.

Puis, quand sonna l'heure du sacrifice, il fut prêt.

En relisant les dernières lettres de cet enfant, ceux qui l'aimaient ont senti qu'elles renfermaient un peu de cette lumière qu'il désirait tellement répandre dans le monde. Leur devoir n'était-il pas, dès lors, de faire profiter autrui du trésor qu'ils possédaient, si personnel, si intime que fût ce trésor? Ils ont cru le comprendre, et ils ont accepté cette publication dans l'espoir qu'elle servirait la Cause Sainte à laquelle celui qu'ils pleurent avait voué sa vie.

9 avril 1917.

Le Départ - Noël

——

13 décembre 1914.

....J'ai reçu depuis trois jours ma feuille de route, me prescrivant de rejoindre le ...ᵉ d'infanterie. Il est vraisemblable que mon séjour à la caserne durera environ un mois ; puis nous irons dans un camp d'entraînement pendant le même laps de temps, et en route pour le front ! C'est un grand bonheur que de combattre pour une cause qui n'est pas seulement celle de la patrie, mais celle du droit, et de devenir une pierre anonyme du grand mur qui bouche aux Prussiens l'entrée de la « tant doulce France ! »

A ses parents.23 décembre.

Cette lettre vous parviendra-t-elle pour Noël ? Je le voudrais ; elle vous dirait tous les vœux que je formerai pour vous ce jour-là. « Joyeux Noël ! »

dit le souhait traditionnel. A coup sûr, ce Noël ne
sera pas pour vous joyeux comme ceux d'autrefois.
Mais, plus profonde que la joie que les accidents
de la vie peuvent fournir, il est une autre joie qui,
elle, ne passe pas : celle de se sentir intimément uni
à Dieu, d'avoir sa volonté personnelle confondue
avec la Sienne, de s'attacher avec toujours plus
de simplicité à ce qui est noble et grand. Puisse
cette joie ne pas vous manquer après-demain !...

Si matérielle, routinière et terre-à-terre qu'elle
soit, la vie de garnison, comme toutes les existen-
ces, laisse quelques instants qu'il faut saisir au
vol, pour s'élever au-dessus de ses minuties et de
ses barreaux, pour rejoindre par la pensée les amis
et les frères, pour se libérer en un mot. C'est pendant les pauses, entre les exercices, pendant les ordres et contre-ordres qu'on nous prodigue si abon-
damment, c'est le soir surtout, au moment où l'on
s'endort.

Croyez bien qu'à ces moments-là vous n'êtes jamais loin de moi. Et puis, même entre les murs
d'une caserne, les teintes du ciel peuvent être magnifiques et le clair de lune idéal...

A une tante.   *24 décembre.*

Je t'adresse, de la chambrée, mes vœux les plus
chauds et les plus affectueux pour Noël et le Jour
de l'An. Que la paix de Dieu nous accompagne

sans cesse au cours de ces temps de guerre, et que l'amour chrétien surmonte l'amoncellement des haines !

A sa sœur.   *25 décembre.*

C'est au soir de Noël que je t'écris, et c'est de la joie de Noël qui me remplit que je voudrais te faire part. Oui, malgré la guerre, et malgré la mort de notre....., il y a de la joie et de la paix dans nos cœurs.

Certes, il est des joies que nous ne possédons pas cette année, il est des douleurs et des angoisses immenses qui assiègent nos âmes. Mais l'homme est supérieur aux accidents qui peuvent lui arriver, il peut posséder une joie plus pleine que celle que les événements procurent ou ôtent : la joie de vivre pour le bien, de lutter pour son idéal, de se sentir à sa place dans l'ordre du monde.

C'est sous cet aspect que se présente à moi, en 1914, le message de Noël. En même temps il nous invite, dans la guerre, à devenir « ceux qui procurent la paix ».

29 décembre.

J'aime à croire que 1915 verra de grandes choses, et qu'en l'année qui va s'ouvrir la paix s'établira,

non seulement dans les chancelleries, mais dans les
cœurs. Puisse la France conserver jusqu'au bout de
ce long effort la noblesse de son attitude du début
de la guerre, et rester digne du rôle que lui assu-
rent, entre les peuples, son génie et son histoire :
le premier !

J'ai été désigné cet après-midi pour assister, avec
quelques camarades du régiment, à la remise de la
Médaille Militaire à un adjudant soigné dans un
hôpital de la ville. La cérémonie a été brève, simple, émouvante. Le malheureux qui devait recevoir
la récompense de son courage est arrivé dans la
cour de l'hôpital sautillant sur des béquilles, une
de ses jambes ayant été complètement amputée. Le
général a lu la citation à l'ordre de l'armée, a prononcé quelques fortes paroles, et les clairons son-
nèrent. Scène de grandeur militaire, point de dis-
cours oiseux, de commentaires ; la simple reconnaissance du devoir accompli.

...Santé excellente. Cette vie d'exercices physiques et de grand air continu me fait le plus grand
bien. On sent la vie s'affirmer plus puissante au
dedans de soi et la vigueur se multiplier.

Au centre d'instruction

6 janvier 1915.

.....Mon nouveau cantonnement est une petite bourgade de 8.000 habitants, aussi pauvre que possible en ressources de tout genre. Par bonheur, le pays est de toute beauté, et, si le temps splendide de ces derniers jours se maintient, je pourrai tenter de jolies excursions dans les montagnes de Provence. Déjà hier, sur la route, la fraîcheur matinale était exquise ; le chemin était presque partout bordé de bosquets de pins, et, perdu dans l'interminable colonne des troupiers, je jouissais intensivement de cette nature si douce.

Ce matin, temps plus serein encore ; le haut du bourg et l'église, vus de la caserne, se détachaient dans une pureté absolue d'atmosphère. Quand, tout à l'heure, j'ai quitté le cantonnement, le ciel était constellé d'une infinité d'étoiles, qui scintillaient avec un tout autre éclat que dans nos pays. Mais le cœur se fend à décrire avec autant de sécheresse des paysages aussi séduisants.....

A ses parents.   *10 janvier.*

Je viens vous rejoindre par la pensée à la fin de ce premier dimanche de cantonnement. Si vous saviez combien, à chaque minute de mon existence, vous êtes près de moi, combien de fois dans la journée je tire de mon portefeuille les lettres que vous m'écrivez ou vos photographies ! Je les savais forts et puissants, ces liens de reconnaissance et de tendresse qui m'unissent à vous, mais jamais comme aujourd'hui je n'avais senti ce qu'ils étaient. De jour en jour, au cours de mes rêveries solitaires, j'apprécie davantage ce que vous avez fait pour moi, je vous bénis plus ardemment pour ce que vous m'avez donné : la vie, et plus que cela : ce qui fait la beauté de la vie, le culte du devoir et l'amour des âmes humaines.

Après un samedi brumeux et en partie pluvieux, nous avons eu de nouveau ce matin un beau ciel du Midi. Comme nous avions quartier libre, je suis allé, de huit à dix, reconnaître, par un franc soleil, quelques routes des environs. Chemin faisant, je rêvais d'avenir, je bâtissais châteaux en Espagne et modifiais pour la n^{me} fois ma vie : c'est la joie de la jeunesse. Puis je suis revenu partager la soupe avec les camarades.

De nouveau je m'échappe du cantonnement, je grimpe à travers les pinèdes et les oliveraies, je m'installe au soleil sur une croupe boisée. Il fait si bon que deux heures passent ainsi à lire et à penser. Je me remets en route à l'aventure, et je découvre plusieurs points de vue splendides. Par monts et par vaux, dans les collines couvertes de thym, je chemine longtemps, longtemps. Après la cour grouillante de notre faïencerie, que la solitude est délicieuse !

23 janvier.

J'ai peu de choses à vous raconter, presque tout mon temps et mon attention étant pris par les exercices physiques. Par moments, leur abondance est telle que je m'en sens profondément dégoûté... Mais je compte beaucoup sur la journée de demain dimanche, que j'espère solitaire et vivifiante. Ah ! quelle belle invention que l'invention du dimanche !

N'allez pas croire avec tout cela que je sois découragé ! Nullement. Mais la vie que j'avais est si différente de celle que je mène actuellement, qu'une transition s'impose, forcément laborieuse.

Il me faut apprendre à dominer ma situation, à garder une pensée virile et élevée, tout en vaquant aux fastidieux astiquages, aux inévitables corvées.

Faire les petites choses comme grandes, dans ce premier aspect de la vie militaire ; — et, dans quelques mois, faire les grandes comme petites !

25 janvier.

.....Vers quatre heures, le ciel s'étant un peu rasséréné, je sortis, pris une route solitaire et marchai assez longtemps. Vous ne sauriez croire combien il est bienfaisant, dans cette vie où l'on est sans cesse les uns avec les autres, de se reposer et de réfléchir, seul. J'aime à m'élever au-dessus des ennuyeux travaux de la journée ou de la semaine, et à rattacher le présent au passé et à l'avenir. Vive le rêve, joie de la jeunesse folle !

31 janvier.

Je réalise chaque jour davantage, surtout à force de penser à tel ou tel décès particulier, quelle chose épouvantable est la guerre actuelle. Que les jeunesses de tous les pays se massacrent en cet affreux carnage, quand elles devraient travailler, aimer, chanter, c'est affreux. Et, comme soldat, tous les services que je pourrai rendre à notre France se marqueront par la mort d'un fils, d'un époux, d'un père peut-être, c'est-à-dire par des douleurs éternelles dans des foyers. Oh ! quand serons-nous délivrés de cette calamité ? Quand pourrons-nous enfin travailler à rapprocher dans la paix les hommes de bonne volonté ?

Je n'ai nullement abandonné mes idées sur le devoir de combattre qui incombe aux jeunes Français. Mais, si nos devoirs sont grands pendant la guerre, ils seront plus magnifiques encore après la guerre, et moins déchirants. Il faudra empêcher le retour de la guerre, apprendre à pardonner les crimes de certaines nations, élaborer le rapprochement des peuples. Si l'on est chrétien, on ne peut admettre qu'une nation soit perdue complètement, pour toujours, qu'on ne puisse essayer sur elle la vertu invincible de l'Amour. Oh ! qu'il nous soit accordé d'être de ceux qui procurent la paix !

2 février.

Vous le dirai-je ? Ce qui fait le plus souffrir à la caserne, ce n'est ni la nourriture, ni le couchage, ni les corvées, c'est la bestialité du milieu où l'on vit, c'est l'extrême rareté des camarades à qui l'on puisse exprimer des idées ou des sentiments un peu élevés, c'est la solitude morale. Les lettres brisent cette solitude ; c'est pourquoi j'aime tant à en écrire, plus encore à en recevoir.

Il est douloureux de voir combien de gens vivent comme des brutes, ne connaissant d'autres joies que celles du boire et du manger, existant sans savoir pourquoi...

Et cependant, à la réflexion, on devient moins sévère, et l'on se dit une fois de plus que « comprendre, c'est pardonner ». Quelle éducation ont-ils reçue, ces échappés du maquis ou ces ouvriers de grandes villes ? Qui leur a ouvert le sens d'une vie pleinement et consciemment vécue ? Et c'est alors soi-même qu'on accuse, soi-même l'homme « cultivé », l'homme « moral », qui fait si pitoyablement briller devant les frères la lumière qu'il possède !...

Quand vous m'écrirez, dites-moi un peu ce qui vous préoccupe, ce qui vous donne de la peine et de la joie. J'aimerais tant profiter de vos expériences, porter une part de vos fardeaux !...

Un message à des amis

[Quelques indications sont peut-être nécessaires pour l'intelligence de la lettre qui va suivre. Celui qui l'a écrite était un membre enthousiaste de la « Fédération française des Etudiants chrétiens ». Avant même d'être étudiant, il avait été en contact avec le beau mouvement d'âmes que cette Fédération représente, comme membre d'abord, puis comme président du Groupe des lycéens chrétiens de sa ville natale. Plus tard, dans l'Université où le conduisirent ses études, il ne cessa jamais, au milieu d'une vie très studieuse et très occupée, de consacrer beaucoup de son cœur et beaucoup de son temps à l' « Association chrétienne d'Etudiants » dont il faisait partie. Et, lorsque la guerre éclata, ses camarades venaient, malgré sa jeunesse, de l'appeler à la présidence de leur groupe. Il écrivait à ce sujet le 18 juin 1914 :

« Mes nouvelles fonctions à l'A. C. E. me prennent déjà un temps fantastique. C'est tout de même emballant de pouvoir incarner un peu de son idéal et se lancer avec toute sa jeunesse dans une tâche aussi magnifique. Déjà nous préparons des séries d'études très solidement travaillées sur la Vie de Jésus, pour l'année prochaine, et nous essayons de démolir sans désastre de multiples constructions qui n'étaient plus que des façades. C'est dur de lutter contre la force d'inertie et la routine qui s'installent jusque dans les associations de jeunes ; mais quelle joie si on en pouvait faire quelque chose de plus libre, de toujours plus « étudiant », plus franc, plus jeune et plus profond ! »

Cet enthousiasme et cet amour pour un mouvement où il trouvait à la fois une si grande tâche, un si grand idéal et de si bons amis, ne firent que s'accroître pendant la séparation imposée par la guerre. Un message intime d'adieu, écrit au moment du départ pour le front, renferme à ce sujet ces lignes bien significatives :

« .....Si j'élargis le cercle des âmes dont le contact me fut précieux, si je cherche en dehors de la famille ceux dont le caractère ou la pensée orientaient et guidaient ma personnalité d'adolescent, c'est toute une pléiade d'amis que je salue et que je remercie. Il y en a des jeunes et des vieux, des catholiques et des incroyants, mais, je dois le dire, ils se rattachent presque tous de près ou de loin à ce magnifique mouvement des « Etudiants chrétiens », dont j'aimais la sincérité, la largeur de vues et de pensée. Je ne puis dire tous leurs noms. Ils sont trop !..... »]

A l'Association des Etudiants
chrétiens de.....   *10 février.*

Mes chers amis,

On me demande de vous adresser quelques lignes pour votre réunion fédérale du 14 courant, et c'est avec le plus vif plaisir que je viens reprendre contact avec vous.

Plaisir mêlé d'un peu de honte, car l'intensif entraînement physique qui nous est nécessaire rouille rapidement les facultés intellectuelles. On a beau s'efforcer de garder une certaine individualité sous la capote, on ne résiste pas autant qu'on le voudrait à l'abrutissement et à la routine du métier. Et puis, c'est dans la salle de consommation d'un estaminet de village que je gribouille ces quelques notes.....

De quoi causer avec vous, sinon de ces Associations d'Etudiants en qui vous et moi avons mis tant d'espoir, et qui nous ont donné tant de joie ? Tels qu'ils sont, par la liberté d'opinion qui y règne, par le caractère œcuménique de leur idéal, par la fraternité de leurs membres, nos groupements universitaires se sont placés d'emblée sur les routes de l'avenir... Je ne vous cacherai pas cependant qu'ils sont très loin de réaliser la haute mission que je rêve pour eux.

La pensée chrétienne est, à l'heure actuelle, dans le plus complet désarroi. Je suis arrivé à la conviction que partout, mais surtout en France, les tentatives d'évangélisation, les imprécises aspirations religieuses qu'on signale de droite et de gauche, sont vouées à un insuccès complet, si l'on ne se décide pas à abandonner les vieilles formules incomprises et incompréhensibles, les credos et la nuée ; si l'on ne rapproche pas les dogmes cardinaux du christianisme des grandes données de la vie morale ; si l'on ne déploie pas enfin une pensée religieuse puissante et concrète, « large comme le monde, profonde comme l'âme humaine ». Tâche plus magnifique ne fut donnée à aucune génération.....

L'histoire nous montre qu'aucun grand mouvement de pensée n'a pu surgir en dehors de cénacles préparateurs, que les plus grandes individualités, — Platon, St-Thomas, Luther, — se sont nourries au sein de milieux qui, à force de manier les idées, les avaient précisées, confrontées, préparées pour des synthèses nouvelles.

Où sont, à l'heure actuelle, les « Séminaires » (1) assez jeunes, riches et vigoureux pour remplir une telle fonction, pour restituer à la foi chrétienne sa paire d'ailes ? Les Eglises ? N'en parlons pas. Elles sont presque toutes trop bourgeoises et pusillanimes, indifférentes et fatiguées. — Les théologiens de profession ? Ils furent et sont encore allemands pour la plupart, et la très remarquable précision de leurs recherches de détail ne suffit pas au grand œuvre qu'il faut accomplir. — Alors ? Alors je pense à nos humbles groupements, parce qu'ils sont des groupements d'*étudiants,* c'est-à-dire de jeunes, dont l'horizon n'est pas encore fermé, de jeunes qui mettent la fougue de leur âge à chercher le vrai, à découvrir la voie...

Je ne suis nullement porté à assimiler les Associations d'Etudiants à des œuvres quelconques, aux Unions Chrétiennes, par exemple, qu'elles suppléeraient dans les milieux plus cultivés. Elles ont, selon moi, un but rigoureusement précis : la mise en commun humble et franche d'expériences, d'idées et de résolutions entre lesquelles la main de Dieu choisirait pour construire l'avenir...

(1) Le mot « Séminaire » désigne, dans le langage universitaire suisse, quelque chose d'analogue à ces « Conférences » dans lesquelles les Maîtres de nos Facultés groupent leurs élèves pour les initier à l'étude personnelle et détaillée des langues, des auteurs, des problèmes philosophiques ou sociologiques.

En juin dernier, comme mes amis de... m'avaient appelé à la présidence de leur Association, j'avais songé à quelques conséquences pratiques de ces vues générales. Nous aurions secoué le fardeau des *œuvres* qui nous chargeaient, pour prendre plus grand soin de la *foi* qui nous manquait. Nous aurions essayé de voir dans la Bible moins une mine de textes et de péricopes décousues, que l'histoire de ses gigantesques personnalités, que l'évolution de ses idées morales. Nous aurions tenté d'entrer à fond dans les grands courants de la pensée moderne, et de prendre acte des découvertes qui ont si étrangement élargi en tous sens notre Univers. Nous aurions montré la plus grande sympathie pour tout ce qui, en dehors de nos milieux, en dehors même de nos habitudes d'esprit ou de nos méthodes, nous eût paru vrai et grand. Que n'aurions-nous pas fait ? La guerre est venue changer tout cela.

Je suis consterné de vous envoyer en guise de lettre une longue et sèche dissertation. Un prestidigitateur est venu, pendant que j'écrivais, éblouir la société par ses tours de passe-passe...

J'espère cependant que vous pourrez lire entre ces lignes un peu de l'affection avec laquelle je suis vos efforts et vos travaux.

Exercices militaires
et vie intérieure

A son frère.   *12 février.*

Merci de ta longue lettre. Etre entouré comme
je le suis est une véritable bénédiction ; chaque
jour le courrier m'apporte une, deux excellentes
épîtres qui respirent l'affection. Il m'en vient de
partout, et j'éprouve combien puissants sont les
liens qui unissent les serviteurs de la Grande Cause
et du splendide Idéal. La distance ne compte plus ;
les cœurs se rejoignent comme par enchantement,
et un mot échangé entre eux suffit pour constater
qu'ils vibrent au même rythme. Il me semble que je
ne vous ai jamais quittés depuis l'affreux cauchemar, ni toi, ni les parents, ni les amis.

Je me suis adapté sans grande difficulté à la
vie militaire. Il faut dire que bien des pivotements
sur places d'armes, chers aux gradés de l'active,
nous sont épargnés, et que, dès maintenant, nous ne
faisons plus guère que du service en campagne, ce

qui est bien la chose la plus intéressante du monde. Nous avons depuis peu un capitaine merveilleux, jeune, intelligent, qui a gagné ses galons au front, et qui possède une riche expérience de la guerre. Il nous fait « barder », mais on le lui pardonne, car il nous emballe.

A ses parents.   *13 février.*

...Nous procédâmes à l'attaque d'une hauteur ; j'étais homme de liaison, destiné par conséquent à transmettre au chef de ma section les ordres du chef de compagnie ; comme j'accompagnais ce dernier partout où il se portait, je pouvais voir d'une manière très précise s'organiser l'attaque dans l'esprit d'un chef, — les demi-sections s'avancer par bonds et se terrer dans un contre-bas, derrière un mur ou une rangée d'arbres, — les sections de renfort se développer et donner à l'instant décisif. Peu de spectacles, dans ma vie, m'avaient autant intéressé ; le coup d'œil du chef embrassait le terrain, discernait les emplacements à occuper, veillait à tout ; sa troupe, absolument docile, n'était plus que le corps de ce cerveau d'élite. La discipline, dit la théorie, est la force principale des armées.....

L'après-midi, encore du service en campagne : organisation rapide d'une ligne de défense.

Le soir, rassemblement à 8 heures, exercice de

nuit. Je fus placé en sentinelle dans la nuit noire ; la chose ne doit pas être gaie à cinquante mètres des Allemands ! Une patrouille du parti ennemi essaya de me surprendre. J'eus toutes les peines du monde à discerner les formes noires qui rampaient dans les ténèbres.

Un mois encore de travail avec ce capitaine, et nous serons une excellente troupe. J'ai retrouvé pour le service tout l'entrain du début. Ce que c'est qu'un chef !

A son frère.   *14 février.*

...J'essaie de ne pas laisser ma pensée se rouiller trop profondément. Je m'efforce de garder quelque individualité sous la capote. La correspondance que je rédige m'a rendu de grands services à cet égard. Chaque soir, après la soupe, muni de tabac et d'un journal, je vais chercher asile dans le même café, vaste et relativement paisible. Une bouteille de bière, une autre d'encre, et me voilà heureux jusqu'à 9 heures. Puis il y a les marches, où la pensée a du temps libre entre deux blagues qu'on sert ou qu'on écoute. Enfin, le dimanche, le jour béni où je m'égare avec délices sous un ciel généralement très bleu, parmi les bois de pins et les champs d'oliviers.

Je rêve beaucoup ; je rêve aux années de paix et de travail qui, je l'espère, suivront les mois rudes de la bataille. Je rêve à une grande mission qu'il faudrait accomplir dans le domaine de la pensée et de la foi. Je rêve à l'aspect simple, concret, profondément humain, qu'il faudrait rendre, dans l'esprit du vulgaire, à l'enseignement et à la personne de Jésus.

Je me prépare aussi à l'effort de volonté que, dans six semaines environ, il me faudra fournir. J'envisage les pires éventualités. Il faut qu'au moment du départ le sacrifice soit accompli dans mon cœur ! C'est si dur de se résigner à la mort à 20 ans ! Il me faut sans relâche contempler les grandes idées pour lesquelles je dois combattre, apprécier la valeur de l'idéal qui, au dedans de nous, est plus grand que nous, comparer le prix d'une personnalité mesquine et impure à celui des principes moraux qui sont la gloire de notre race humaine. C'est le « Seigneur, je vous donne tout ! » du *Mystère de Jésus* qu'il me faut prononcer... et vivement !

Adieu, je t'embrasse avec autant d'ardeur que si je te voyais surgir devant moi — tant la distance est aujourd'hui peu de chose.

A un ami.   *20 février.*

La grande, la magnifique consolation que nous éprouvons dans notre douleur commune, c'est que ton frère et le mien ont donné leur vie pour une cause absolument pure, pour une patrie ....non, pour beaucoup plus, pour le Droit et pour l'Esprit.

Ils ont pris leur part des souffrances du Crucifié ; ils ont, comme lui, trouvé tout simple de donner leur sang pour le salut des autres. Ne trouves-tu pas que, par le temps qui court, les vieux mots d' « expiation », de « sacrifice », de « rédemption », assombris et obscurcis par la dialectique des théologiens, prennent un sens admirablement simple, concret et vivant ?

Je te quitte, en communiant avec toi dans le grand idéal qui restera, quoi qu'il arrive de nos personnes, le même hier, aujourd'hui, éternellement.

A ses parents (A un moment où il est
question de départ pour le front).   *25 février.*

Deux choses doivent vous rassurer : ma santé est absolument parfaite... ; d'autre part, je me sens moralement prêt, et suis dès à présent résigné aux plus grands sacrifices. J'éprouve un peu de l'immense joie qu'il y a à « servir », à « donner sa vie pour ses amis. »

A son frère.   *28 février.*

Je t'écris au soir d'un merveilleux dimanche. Cet après-midi, j'ai fait une longue, magnifique et soli-

taire promenade parmi les montagnes qui entourent
notre résidence. J'ai rassasié mon regard de la
féerie du Midi : ciel idéalement bleu, pins vigoureux se détachant sur lui, oliviers graciles, amandiers en fleurs, gerbes d'or des genêts. Tout parlait
de vie, de pureté, d'espoir. Il est bon de contempler
ce spectacle avant l'horreur du champ de bataille.
A Dieu, mon cher..., à Celui qui demeure éternellement, quoi qu'il arrive de nos personnes et de nos
rêves !...

A sa belle-sœur. Ier *mars.*

...Nous voudrions tant donner à ta vie un peu de
joie, des traces de bonheur ! Nous voudrions surtout que tu éprouves, chaque jour davantage, la
joie profonde, le grand bonheur qu'il y a, après
après avoir complètement renoncé à soi-même, à
vivre pour les autres, à devenir leur humble, sûr et
fidèle appui.

Je sais que cela est plus facile à dire qu'à faire,
surtout lorsqu'il s'agit d'un renoncement aussi douloureux, aussi total que le tien. Mais, n'est-ce pas ?
c'est le seul moyen de reconstruire sa vie sur des
bases un peu stables ; c'est ainsi que la souffrance,
au lieu d'appauvrir et de dessécher, donne à l'âme
une plus grande richesse, plus de beauté et de
pureté.

A ses parents. *16 mars.*

Si vous saviez le nombre de choses qu'il faut bien connaître et bien pratiquer, pour être un bon soldat, et à plus forte raison un bon caporal ! Les détails de chaque geste ou de chaque action que nous faisons dans le service sont fixés par un règlement minutieux ; et toujours on a intérêt à suivre les prescriptions de la théorie, qui indique toujours le meilleur moyen de faire vite et bien. Il y a *une* manière de plier sa couverture, de rouler ses courroies de sac, de sauter du haut d'un mur, de tendre la bretelle de son fusil, de se coucher sous la mitraille, etc..., etc... Si bien que chacun des actes d'un bon soldat profite de la longue expérience de toute une armée. Agir autrement, agir à sa guise, c'est perdre du temps, c'est causer de la *pagaye,* c'est, en temps de guerre, multiplier inutilement les pertes... C'est l'habitude, la routine qui fait le bon soldat. Nous autres, soldats des jeunes classes, nous manquons de cette routine, nous n'avons qu'un vernis d'instruction militaire.

J'ai passé avant-hier un beau dimanche. Sauf un, tous mes dimanches ont été beaux ici, j'ai toujours pu avoir de bienfaisantes heures de solitude et de recueillement. Je suis encore monté avant-hier sur ma « colline inspirée », plus resplendissante que jamais parmi l'or des genêts et l'idéale pureté du ciel. J'ai relu presque tout l'Evangile de Marc, et

j'ai essayé d'en tirer la « substantifique moelle ».
Il m'a semblé que toute la pensée de Jésus pouvait
se résumer dans cette formule : *l'Eternel regarde
au cœur*. Peu importe le jugement du monde, peu importent les formes de la piété, peu
importent les accidents de la vie, peu importe le
bonheur lui-même ; — qu'un homme ait la vie,
qu'il ait la claire notion de sa grandeur et de sa
beauté, qu'il vive et qu'il fasse vivre, — il aura
rempli sa mission, il sera dans l'ordre.

A son frère.   *17 mars.*

...J'ai bien failli, comme tu l'as su sans doute,
aller causer à coups de Lebel avec les Turcs. Plusieurs de mon escouade et de ma catégorie sont
partis pour les Dardanelles. Malheureusement — ou
heureusement, car on ne sait pas bien ce qu'il faut
vouloir par le temps qui court, et on est presque
soulagé que les supérieurs décident pour vous, —
j'ai été versé d'office au peloton des élèves-caporaux,
et, de ce fait, mon départ pour le feu est très sensi-
blement retardé. Mais j'aurai à m'armer de patien-
ce, car la prolongation de mon séjour dans un cantonnement aussi fertile en embusqués que celui-ci
exige un certain estomac (1).

(1) Cf. ce passage d'une lettre écrite peu de jours auparavant à un de ses professeurs : « J'espère bientôt, malgré
tout, mener dans l'Argonne ou sur le Bosphore une vie
plus intéressante, plus utile et plus *dangereuse* que celle du
dépôt. »

Aux étudiants et
    lycéens chrétiens de...   *19 mars.*

...Heureusement la vie du soldat est coupée de haltes et de repos bienfaisants. Chaque soir, vers 5 h. 30, après la soupe, il éprouve comme l'avant-goût de la libération. A l'exercice, il était un numéro, une pièce enchâssée dans un machinisme ; maintenant il vit, il pense, il rêve, il écrit. Car écrire est sa grande joie, le moyen de communier avec ses camarades de travail et de lutte.

C'est depuis que je suis au régiment que j'ai pris conscience de la chose magnifique et incomparable qu'est la fraternité, l'union des chevaliers du bien combattant ensemble pour l'idéal et les grandes causes. J'ai reçu de certains amis des lettres, de simples. cartes même, griffonnées entre deux alertes, et il me suffisait de parcourir des yeux ces messages pour sentir que nous ne nous étions jamais quittés, que le temps ni l'espace ne pouvaient séparer deux amis unis dans le même service, dans la même volonté. Comme dit le cantique,

O Seigneur ! qu'il est doux, qu'il est bon pour des frères
De t'offrir en commun leurs vœux et leurs prières...,
De s'aider au combat, de partager leurs joies,
Et de marcher ensemble en ces paisibles voies
    Où tu diriges et bénis !

Dans les jours si troublés et si douloureux que nous vivons, cette solidarité, cette fraternité entre les hommes de volonté bonne n'est-elle pas, à elle seule, la lumière et la paix ?

C'est en elle que je vous envoie, pour Pâques, mes souhaits les plus ardents (1).

23 mars.

J'ai eu cet après-midi un des rares moments de « noir » qui aient marqué jusqu'ici ma vie de soldat. L'existence militaire présente des réalités assez brutales, c'est surtout la médiocrité morale de certains individus qui peine et qui lasse. Mais toujours ces impressions pénibles se dissipent et se fondent dans la joie immense de connaître la vraie vie, de porter en soi un idéal de service et d'amour.

Je puis dire que, dans l'ensemble, ces trois mois de service militaire ont été heureux ; j'y ai peut-être plus vécu que dans n'importe quelle autre période de ma vie, j'y ai pris plus nettement cons-

(1) Cf. ce passage d'une lettre écrite un an auparavant : « Mon grand désir, c'est que cette fraternité devienne plus féconde, qu'elle pénètre toutes nos heures, même les grises et les ternes. Sans un rayon d'affection, aurions-nous le courage de parcourir la route sombre et froide qui mène seule au pardon du Père ? Heureusement l'amour de Dieu est là, avec l'amour mutuel de ses enfants, qui seul peut en donner la notion et le pâle reflet... ».

cience de mon devoir d'homme et de mon devoir d'étudiant.

En fin de compte, être heureux dépend moins de ce qui vous survient que de ce que l'on est, et plus j'aurai d'amour et d'enthousiasme pour ma tâche, moins je me frapperai des contrariétés qui pourront m'arriver.

Je m'excuse de remplir mes lettres de ces considérations morales, mais j'en vis, elles me relèvent dans les mauvais moments.

Semaine Sainte

A ses parents.   *25 mars.*

Je vous embrasse bien tendrement, en vous souhaitant un beau dimanche, et une semaine vraiment sainte. Pendant la guerre et le déchaînement de la force brutale, le monde a besoin plus que jamais de parfaite et rayonnante sainteté.

A sa sœur.   *27 mars.*

.....La religion n'est pas un domaine quelconque de l'action humaine, mais elle est la grande chose de la vie, ou mieux : elle est la vie elle-même. Qu'est-ce, en effet, d'après toi, qui est religieux ? Est-ce admettre qu'il y a un Dieu, qu'un nommé Jésus de Nazareth est mort sur la croix pour les péchés des hommes ? Est-ce, d'autre part, vivre en extase et se rapprocher de Dieu en s'éloignant de l'humanité ? La lecture de l'Evangile, comme mon expérience personnelle, me convainquent de jour en jour davantage qu'il n'en est rien. Etre religieux c'est, à mon sens, discipliner toutes ses pensées, toutes ses joies, tous ses actes, toutes ses énergies vers un but unique ; et ce but unique c'est, dans la religion de Jésus, le progrès de la race humaine, la vie plus grande, plus pleine, plus pure, du prochain comme de soi-même, la conquête, pour les autres et pour soi, d'un cœur plus large, plus humain. J'insiste sur ce dernier mot, tant la religion chrétienne me semble l'opposé, et de l'excentricité mystique, et de l'égoïsme.

Donc, apprécie tout ce qui est grand et juste, même si cela émane d'un non-chrétien de statistique, et tiens pour profane tout ce qui, même dans les églises et chez les bien-pensants, ne s'inspire pas de l'amour du corps et de l'âme du prochain. J'espère que, dans cette année qui s'ouvre devant toi sous d'aussi lugubres auspices, tu pourras cependant jouir de cette chose incomparable et unique qu'est la jeunesse : jeunesse de l'esprit qui n'est fermé à aucune idée neuve et grande, — jeunesse de l'âme qui sent la beauté et le prix de l'existence, — jeunesse du cœur qui croit et voit le bien partout où il se trouve.

A sa belle-sœur.   *28 mars.*

Bonne Semaine Sainte, ma chère... Jamais, sans doute, autant que cette année, les larges mouve-

ments de la vie de l'âme que symbolisent la mort
et la résurrection de Jésus ne s'affirmeront, ne se
concrétiseront. Mourons à la vie limitée de l'égoïsme et de l'orgueil, mais pour vivre à la vie nouvelle
dans l'amour et la pureté !

A son frère.   *31 mars.*

Deux mots seulement en un temps d'assez grande
presse pour te dire combien je pense à toi et vis
avec toi pendant cette Semaine Sainte.

Combien forts et concrets sont cette année les
sentiments que suscitent le Vendredi-Saint et Pâques ! C'est qu'à la lumière des événements contemporains la vie s'est révélée à nous comme un
drame, comme la possibilité d'enrichir ou d'appauvrir, de vivifier ou d'anémier la race à laquelle nous
appartenons. Nous avons pris mieux conscience de
notre mission d'hommes.

Mais, pour agir, il faut être. L'homme de bien
n'est pas l'homme des bonnes volontés éphémères
et fortuites, il est l'homme de bon vouloir, d'âme
régénérée. Il a tiré sa situation au clair. Il est mort
à lui-même. Il vit, pour la grande cause du bien et
de l'humanité, d'une existence plus large et plus
riche. Il vit, comme dit Saint Paul, de la vie nouvelle.

C'est, à mon faible sens, la plus grande profondeur de l'Evangile que d'avoir insisté sur ces con-

ditions psychologiques de la vie morale, c'est la gloire de la première Eglise Chrétienne d'avoir fait de la Mort et de la Résurrection de Jésus les grandes fêtes de l'année religieuse...

Voilà à quoi on réfléchit sur les routes de Provence, pendant les marches, tandis que les camarades répètent les vieilles scies : « La soupe, le bœuf..... Ah ! si papa... etc. »

A sa sœur.   *1ᵉʳ avril.*

.....Jésus n'a pas été essentiellement un professeur de dogmes ; il a créé des personnalités et sa religion est destinée à façonner les serviteurs normaux et forts dont l'humanité a besoin. Il a enseigné que, pour qu'un homme ait une action humble mais efficace sur la marche du monde, il faut que sa volonté soit régénérée, purifiée, qu'aucun but personnel ne vienne à la traverse de sa carrière altruiste, en un mot qu'il soit mort à lui-même. Car « tout royaume divisé contre lui-même est condamné. — Vous ne pouvez servir Dieu et Mammon. » La fête du Vendredi-Saint n'est pas un mystère inintelligible et inhumain : c'est le symbole par où s'exprime une grande et impérieuse nécessité psychologique ; mieux que cela : c'est la commémoration de l'acte du premier homme qui comprit cette nécessité et s'y résigna pour lui-même.

Mais, après le Vendredi-Saint, Pâques. Après la
mort, la vie. Après la souffrance, la joie. On ne
détruit que ce que l'on remplace. Et la vie nouvelle,
si large et merveilleuse, que Jésus montre à son
disciple, ne se compare pas à l'existence ancienne,
égoïste et décevante. Les contrariétés, les malheurs
mêmes y perdent leur amertume, et cela d'autant
plus qu'on s'attache avec plus de passion aux inté-
rêts nouveaux : justice, bonté, fraternité, amour du
prochain, de son corps et de son âme. La personnalité est construite sur de nouvelles assises ; et plus
elle est formée dans ce sens, plus elle est puissante,
plus elle est joyeuse..... L'Evangile reste donc la
suprême, l'unique philosophie à laquelle l'humanité
doive s'attacher...

À ses parents. (Au retour

d'une courte permission). 8 *avril.*

...Je me suis remis sans grande peine à la tâche.
Je suis de ceux que le souvenir des jours heureux
réjouit plus qu'il ne les chagrine. « Il faut cueillir
les fleurs pendant que Dieu les donne », et j'ai le
cœur tout rempli de la pensée des heures délicieuses
et bénies passées au foyer.

Expériences

Aux Étudiants de la Fédération.   *16 avril.*

Mes chers amis,

Est-ce ici la dernière lettre provençale que je
vous adresse ? « Peut-être ben que oui, peut-être
ben que non », comme disait le paysan du vaude-
ville. Il a été si souvent question pour nous de
départ, nous avons subi tant d'alertes et de contre-
ordres que j'affecte maintenant le scepticisme le
plus complet, et ne croirai vraiment à la grande
nouvelle que cinq minutes avant de partir, quand
l'ordre viendra de boucler le sac. Etre soldat, c'est
être prêt à tout et ne compter sur rien.

Voilà tout de même quatre mois que j'ai endossé
l'uniforme, et, si l'inaction me pèse de plus en plus,
je n'en continue pas moins l'étude du milieu si ins-
tructif qu'est le régiment. J'ai pu contracter deux
solides amitiés, celles de deux jeunes gens catholiques, tous deux d'une foi également ardente et sincère. Autant nous divergeons par les conceptions

philosophiques, autant nous nous rapprochons par
l'idéal et le vouloir. Eux mis à part, et sous l'extrême diversité des tempéraments, il m'a semblé
retrouver, chez tous les camarades que j'ai pu
connaître d'un peu près, le même vide, la même
absence d'unité psychologique, tranchons le mot : le
même ennui. La personnalité n'est pas formée ;
l'âme ne s'est pas attachée à la grande passion
idéaliste qui peut rendre la vie si belle et enthou-
siasmante ; et comme, malgré tout, elle a de l'éner-
gie à dépenser, elle est toujours à court de passe-
temps où la gaspiller. Les pages fameuses de Pascal
sur le divertissement me reviennent à l'esprit cent
fois par jour quand je regarde autour de moi dans
la chambrée. L'existence peut, aux yeux de la ma-
jorité de nos contemporains, présenter des moments
agréables et dignes d'être vécus, elle ne leur semble pas le drame simple et palpitant que nous voyons
en elle.

Et cette constatation m'a conduit à changer
complètement d'idée sur un point. Jusqu'ici, je
rêvais surtout d'un réveil *moral* de la jeunesse
française ; un réveil religieux me semblait de fort
peu de prix à coté de lui. Volontiers je me serais
satisfait d'un philosophisme moral qui, répandu
dans toutes les classes de la société, eût remis en
honneur les idées de devoir, de solidarité, de dignité
personnelle, etc... La fréquentation des camarades
de régiment m'aura guéri de cette erreur. Non, il
faut, pour régénérer la France, mieux que des idées,

il faut des caractères ; il faut mieux que des préceptes, il faut une religion ; — car les idées ne sont des « idées-forces » que pour une élite ; elles n'entraînent les esprits incultes que rarement, partiellement et momentanément ; — car les préceptes ne subjuguent que péniblement les volontés ; à eux seuls ils restent plutôt une loi ingrate qu'une vie intensive et féconde.

La religion, par contre, *unifie* l'âme humaine ; grande constitutrice de personnalités, elle est aussi conductrice de sociétés. Elle donne un sens à la vie de chacun ; bien plus, elle attache l'homme le plus obscur à sa tâche et la sanctifie à ses yeux. Le grand Tolstoï a défini ce grand fait humain d'un mot décisif qui peut servir d'épigraphe à toutes les philosophies de la religion qui s'élaboraient, avant la guerre, dans les cabinets de travail des meilleurs penseurs de l'Europe, ou plus généralement de devise à toute la pensée religieuse contemporaine : « *La religion, c'est la force de la vie* ».

De là, j'en vins à pressentir, comme sans y toucher, mes camarades sur le fait de la religion. Et, comme je m'y attendais, je trouvai chez eux, sur le point qui nous occupe, des conceptions bien différentes des miennes. Dans leur esprit, — et indépendamment des fabliaux dont la vie sacerdotale fut toujours une source inépuisable, — la religion n'est point une directrice de la conduite et un élargissement de la vie ; c'est simplement un ensemble de croyances que les uns acceptent, que d'autres rejettent, mais dont tous estiment, en somme, qu'il se superpose à la vie humaine, bien plus qu'il ne la pénètre. — En somme, une théologie telle que le catholicisme et, dans la mesure où il fut connu, un certain protestantisme ont tout fait pour répandre.

Ah ! quelle magnifique mission est la nôtre, à nous qui savons, non pas toutes les vérités de la religion, mais un peu de la beauté et de la puissance qu'elle peut donner à une vie d'homme ! Par la pensée et par l'exemple, rendre témoignage à cette *vie nouvelle* où l'intelligence s'élargit, où le sentiment s'affine, où la volonté se concentre ; — où pauvreté devient richesse, — souffrance, joie, — et égoïsme, fraternité ! La génération qui vient montrera que la religion est tout simplement l'épanouissement de toutes les fleurs que notre qualité d'hommes comportait en boutons.....

Printemps

---

20 avril.

...Rien n'est fait pour simplifier les complications, pour adoucir les déceptions, comme de se consacrer tout entier aux progrès de son caractère et de celui de ses amis. Et, dans le détail, cette acceptation de la vie se traduira par une bonne humeur toujours plus naturelle, par l'intérêt de plus en plus vif que prendront à tes yeux les besognes de l'existence, petites et grandes.....

23 avril.

...Arrivé ici au cours de l'hiver, et vivant constamment dans la campagne, j'ai pu voir dans le détail, pour la première fois de ma vie, cette chose magnifique qu'est la renaissance de la nature. D'abord les ajoncs, épineuses gerbes d'or, et les amandiers en fleurs, le vieux symbole de Jérémie. Puis, les bourgeons des arbres ouvrant leur œil timide,

puis toute la série des arbres en fleurs, et les très
doux rayons de soleil se jouant sur l'herbe si délicate du blé naissant. Les fins de journées en particulier sont, en Provence et dans ce début de printemps, extraordinairement paisibles et enchante-
resses. Mais sortir de ce rêve pour reprendre conscience de la réalité est horrible...

A ses parents.   *26 avril.*

Je suis allé à...... samedi soir, et y suis demeuré
jusqu'à dimanche après-midi. Accueil toujours très
chaud et très apprécié. Oh ! ces douceurs ! lire au
lit..., prendre un bain..., entendre *une conversation,*
autre chose que les vantardises, les stupides et toujours identiques injures du régiment ! Oh ! recevez autant que vous le pourrez les soldats qu'on
vous recommande. Vous ne savez pas ce que représentent pour eux ces quelques heures d'invitation ;
elles vous auront peut-être paru quelconques ; pour
eux, elles seront une halte bénie, un réconfortant
souvenir.

    « J'ai mon gars soldat comme toi ! »

A ses parents.   *29 avril.*

...J'apprends avec une vive peine la mort de M...
Vraiment la lutte que nous livrons est inexorable,

implacable. Les épreuves par lesquelles passent notre France, nos familles françaises, sont inouïes. Il faut une force d'âme extraordinaire pour faire plus que de se résigner à ces sacrifices, pour les *accepter*.

Oh ! qu'en présence de toutes les réalités dévoilées par la guerre, *toutes* les autres conceptions de la vie que la conception chrétienne apparaissent superficielles, fausses, étroites ! Oui, la vie est un drame extraordinairement sombre et tragique, un drame qui ne se termine dans la lumière et dans la joie qu'après une décision, une conversion, une reconstruction de l'être tout entier. Le bonheur superficiel, les joies plates de l'égoïsme ne tiennent pas au choc de l'existence. Malgré tout, il faut passer par la Croix. La Croix, c'est le grand fait de la psychologie ! Lorsque l'âme a renoncé à se servir elle-même, lorsqu'elle a fait du devoir sa passion, elle peut encore souffrir, mais ses souffrances sont sans amertume. Le principal lui reste, elle trouve toujours de la saveur à la vie...

3 mai.

...Il y a des noms admirables, des noms qui disent tout et évoquent à la perfection les choses qu'ils désignent. « *La Sainte-Baume* » est de ceux-là. En grimpant les pentes dénudées de la montagne, on est saisi par le parfum enivrant de sa végétation : le

thym, le romarin, les tulipes, un peu plus tard dans
la saison la lavande renommée, bien d'autres plantes
encore inconnues à ma botanique d'homme du Nord,
mêlent leur senteur, tandis que, beaucoup plus haut,
celui qui pénètre dans la forêt croit entrer dans un
sanctuaire : les chênes et les bouleaux laissent à
peine filtrer un rayon venant du ciel. Les druides
gaulois venaient là chercher le gui, et des légendes
populaires de très haute origine, mises aujourd'hui
sous le couvert de la foi catholique, placent en
abondance dans ces fourrés les miracles et les
signes.

Mais je préfère raconter dans tous ses détails
mon excursion. Partis à 4 heures 20 du matin, nous
étions au pied de la Sainte-Baume à Géménos, le
village aux claires fontaines, vers 5 heures 30.
.....A 6 heures 15, nous nous remettions en marche
et prenions par un vallon d'abord extraordinairement frais et paré de magnifiques poiriers du Japon
tout en fleurs. Nous fûmes à temps pour traverser
par une chaleur encore supportable la partie aride
de la grimpée... Vers 7 heures 45, nous passions le
col de Bretagne (920 m. environ), et immédiatement
un paysage beaucoup plus septentrional d'aspect se
présentait à nos yeux.

Devant nous, toute la séquelle de ces monts de
Provence dont j'avais appris la sèche nomenclature
dans les manuels de géographie. Pas un nuage au
ciel, une extrême pureté d'atmosphère.

Dès lors, nous nous engageâmes sur la chaîne de

la Sainte-Baume, et la suivîmes à flanc de coteau parmi les petits bois de pins. Tout à coup, nous pénétrâmes dans la forêt fameuse ; les chênes n'avaient pas encore de feuillage, et étendaient leurs grands bras tristes et noirs, tandis que les jeunes pousses des hêtres sortaient timidement et montraient un vert extrêmement tendre. Le soleil se jouait parmi cette nouvelle frondaison, et les effets de lumière étaient ravissants. Au sol, dans l'ombre et dans la mousse, des tapis de violettes. De l'ensemble se dégageait, comme je l'ai déjà dit, une impression religieuse, encore que de religion surtout naturiste. Il me semble évident, bien que je n'aie pu recueillir aucun renseignement à cet égard, que le fond de la forêt était, il y a quelque vingt siècles, un sanctuaire druidique, et que le catholicisme, qui est l'hétérogénéité même, qui a absorbé pêle-mêle une infinité d'éléments d'origines très diverses, a installé dans cette vénération locale ses saintes et ses légendes.

Nous grimpons, nous arrivons, par un grand escalier-chemin de croix, à la grotte de Marie-Madeleine. Selon les traditions provençales, cette sainte femme, ainsi que Lazare et Saint-Maximin, seraient venus, très peu de temps après la mort de Jésus, en Narbonnaise, et y auraient fondé nombre d'Eglises. Marie-Madeleine, en particulier, aurait habité longtemps la caverne en question, située dans le flanc d'une grande falaise rocheuse ; et chaque fois qu'elle avait à descendre, des anges la pre-

naient sur leurs ailes et venaient la poser à terre...
Mon compagnon me raconte tout cela avec une
grande dévotion et une très sincère acceptation du
mystère. Je ne fais aucune objection ; à quoi bon
troubler une foi si naïve ?

La grotte visitée, nous grimpons par un sentier
détourné jusqu'au sommet de la grande paroi rocheuse qui est la ligne même de faîte de la chaine.
De là, nous avons un panorama splendide ; nous
voyons, non seulement les montagnes énumérées
tout à l'heure, mais toute la côte du Var ; les
presqu'îles s'avancent et se découpent très nettement sur la mer. A nos pieds, la forêt se presse
contre le rocher comme une marmaille apeurée
s'accroche aux jupes de la maman. La terreur, ici,
c'est le vent du Midi, qui serait fatal à cette végétation presque septentrionale, et dont le chaînon
rocheux la protège.

Le temps, jusqu'ici splendide, se couvre rapidement. Nous redescendons donc, explorons sommaire-
ment tous les recoins fameux de la forêt, pique-ni-
quons et abandonnons le versant Nord. Nous passons le col, redescendons sur Géménos et, après un
court repos, rentrons à pied ici un peu avant
7 heures. Nous avons marché, et bien marché, pendant 14 heures. Vous pensez si j'ai bien dormi la
nuit dernière !

Vous voyez que je reste fidèle à mon principe,
qui est de multiplier autant que possible les occupa-
tions intéressantes dans cette vie si abrutissante,

et de rencontrer aussi souvent que possible la beauté. La Sainte-Baume est une des célébrités de la Provence, et c'eût été criminel de quitter ce pays sans l'avoir visitée.....

A sa sœur.   5 *mai.*

Ce que je veux te dire aujourd'hui, c'est de prendre confiance, courage pour la vie. Oh ! je sais, l'âge que nous avons l'un et l'autre, cette passionnante mais dangereuse période de la jeunesse, de la formation, sont souvent marqués, même chez les meilleurs, par des combats intérieurs pénibles, par des luttes obscures et interminables, par d'inextricables mêlées de sentiments ; tout cela douloureux et inutile en apparence.

D'autre part, l'horrible cauchemar dans lequel nous vivons est bien peu fait pour te faire paraître l'existence agréable, digne d'être souhaitée.

Et cependant je te dis d'avoir foi dans l'avenir, de saisir la vie comme un bien immense. Aie le grand et rare courage de voir les choses comme elles sont, de faire le compte des grandes joies et des grandes douleurs de l'existence ; pense au bonheur immense qu'il y a à fortifier, non seulement le corps, mais l'âme des proches, et tu concluras, j'en suis sûr : « Oui, la vie est une chose passionnante, elle vaut d'être vécue ! »

Je lisais ces jours-ci un livre tout à fait remarquable. C'est *la Peur de vivre* d'Henry Bordeaux. Si tu ne l'as pas lu, lis-le. Si tu l'as lu, relis-le. L'auteur de ce roman d'une inspiration très purement chrétienne, y fait un plaidoyer magnifique et vigoureux en faveur de la vie, non de la vie égoïste qui, dit-il, n'est qu'un leurre, mais de la vie pour les autres, qui ne déçoit pas. Et cette vie, il faut avoir le courage de la vivre, il faut la saisir au prix de mille efforts. Jésus, de son côté, disait : « Le Royaume de Dieu... ce sont les violents qui s'en emparent ! »

Que les « obstacles à la vie » ne t'arrêtent pas trop !... Ce que je désigne par ce vocable, c'est toute une série de défauts psychologiques ou moraux tels que : soucis entretenus au sujet de tout, excessive méfiance de soi, etc. Et tous ces obstacles, je les ramènerai à un seul, dont ils procèdent tous, au manque d'unité, de *simplicité* de l'âme. On s'obstine à rechercher à la fois trente choses contradictoires, et l'on s'étonne de n'arriver qu'au désarroi, au néant.

Jette-toi avec la plus grande simplicité dans les bras du Père qui pardonne, et qui pardonne parce qu'il aime. Dis-lui : « Je viens à toi pour te donner ce que je puis ». Dis-le lui de tout ton cœur, avec toute ton âme. Et je gage que, dès ce moment, la vie te paraîtra beaucoup plus simple, facile et aisée... Oh ! qu'elle est vraie, cette phrase de l'Evangile : « Mon joug est facile et mon fardeau léger ! »

La vie est une chose si simple, quand on a comme but et comme devise d'avancer le Royaume de Dieu, — si compliquée, embrouillée, inintelligible, quand on voit toutes choses sous l'angle de l'égoïsme ou de l'amour-propre !

A son frère.   *9 mai.*

....La santé et le moral sont également excellents. J'ai fait ici de très agréables connaissances dans le monde civil et dans le monde militaire ; en particulier, je me suis lié avec un jeune vicaire qui est bien le prêtre le plus intelligent, le plus cultivé, le plus *consacré* que j'aie jamais rencontré. Dans le domaine théologique, naturellement, il y a entre nous de grandes divergences. Mais cela empêche-t-il d'admirer une âme absolument pure et remarquablement douée ?

Je me donne surtout à tâche ces temps-ci, par les lettres, par la conversation, de remonter le courage qui, de nos côtés, a terriblement baissé. La longue campagne d'hiver avait été illuminée par la promesse de l'irrésistible offensive du printemps ; et cette offensive n'ayant pu se déclencher, certains perdent la foi en la délivrance du sol national. Or, aujourd'hui, les combattants tiennent de si près au peuple et communiquent si facilement avec lui, que la démoralisation de celui-ci entraîne l'affaiblissement de ceux-là.

L'optimisme est à l'heure actuelle le grand devoir, devoir ingrat, difficile. A l'accomplir, nous passerons souvent pour des naïfs. Mais c'est un devoir primordial, essentiel. Il ne s'agit pas de fermer les yeux à la réalité, de se dissimuler les extraordinaires sacrifices qu'il faudra encore consentir ; il faut proclamer sa foi en la victoire finale et complète. Et la victoire finale, comme le moindre succès tactique, est à celui qui veut le plus fort.

Adieu, je communie avec toi dans le service de la grande Cause dont nous sommes les humbles, minimes et volontaires esclaves.

A une mère en deuil.   *11 mai.*

Ah ! les temps sont terribles par lesquels nous passons ! La mort de votre fils peut ne sembler qu'une mort de plus s'ajoutant aux centaines de milliers que la guerre a déjà causées ; et cependant elle produit à elle seule une quantité infinie de souffrances dans le cœur d'une mère. Le deuil et la misère s'amoncellent autour de nous ; ils deviendraient intolérables si nous ne sentions la grandeur de la tâche que nous remplissons, si nous ne comprenions que le bonheur est peu de chose auprès de la justice et de la réalisation de notre magnifique idéal français...

Cependant, le cœur humain garde ses droits et fait entendre sa plainte. C'est pourquoi... je vous demande de croire de ma part à tous les sentiments précis et forts que le mot de sympathie peut recouvrir.

A sa sœur.   *15 mai.*

...Aie une âme de plus en plus claire, lumineuse et profonde ; accomplis avec une simplicité de plus en plus grande le sacrifice essentiel, inévitable, mais générateur de vie, en qui se résume et se ramasse tout l'enseignement de Jésus ; vis de moins en moins pour toi-même, et de plus en plus pour la joie et le courage des autres ; et les qualités de fraîcheur et de jeunesse qui sont en toi se développeront avec une puissance, une fécondité extrêmes ; ta route sera droite, débarrassée des obstacles que sèment partout l'orgueil et l'égoïsme. Tous tes actes, et jusqu'aux moindres, prendront un sens à tes yeux et à ceux de ton entourage. Ta présence signifiera espoir, courage de vivre, volonté de vaincre. Dans une époque où les vies sont compliquées, incertaines, névrosées, la tienne sera simple, sûre et saine...

Le progrès dans la réalisation de l'idéal n'a d'ailleurs rien d'épuisant pour les nerfs. Il y a une manière de « se reposer en Dieu », de reprendre force et courage en Lui, même sans dévotions trop prolongées ; tant la religion, fonction vitale et régulière, est loin de cet assemblage d'émotions étran-

ges et de nerveux tremblements que certains nous
représentent. Prier, c'est simplement reprendre
conscience de son idéal, le préciser, et, en présence
de Dieu, épurer sa volonté jusqu'à l'avoir uniquement éprise et désireuse de cet idéal (1)...

Hier, j'ai eu une belle, une inoubliable journée,
une fête de l'Ascension qui sera gravée dans ma
mémoire comme celle de l'an passé sur le lac de
Genève. Il y a un an, nous étions partis en canot
automobile par un temps extraordinairement beau ;
et je vois encore réfléchies sur l'eau les voiles lati-
nes des bateaux que nous croisions, les montagnes
de Savoie estompées dans le lointain par une bru-
me fine et légère comme une mousseline... Puis
nous abordâmes, et ce fut la partie de campagne,
les herbes et les fleurs croissant ensemble sous les
beaux arbres, toute l'exubérance et la vie que porte
en elle une chaude journée de printemps. C'était le
beau temps !

Mais hier aussi compta des heures splendides et
réconfortantes. Au lieu du lac, c'était la mer ; au

(1) Cf. ce fragment d'une lettre du 3 mars 1914 : « Il nous
faut longuement et régulièrement prier. Il faut que, dans
notre vie, la prière précède tout ; tant pis si tel jour je n'ai
pas le temps de lire, avant tout je dois prier. Je fais tous
les jours cette expérience : toute journée vaut ce que vaut
la prière du soir ou celle du matin. Si, souvent, nos prières
ne semblent aboutir à rien, je puis cependant te donner le
conseil de les continuer avec foi et humilité ; la prière
arrivera alors immanquablement à son effet, qui n'est point
de changer les dispositions de Dieu à notre égard, — car
Dieu est toujours amour, — mais de transformer nos dispositions à l'égard de Dieu. »

lieu du Chablais, c'étaient les îles et presqu'îles ro-
cheuses ; mais ce paysage-ci aussi délicatement
baigné de lumière que celui-là. L'après-midi, dans
les allées du parc..., j'admirai l'exubérance et la
finesse de la végétation ; de toutes parts la vie per-
çait et s'exhalait. Ces spectacles, au lieu de les fuir
dans l'année que nous vivons, je les recherche ; ils
sont ma joie, mes raisons d'espérer.

En route vers le front

A ses parents.   *17 mai.*

Cette lettre est la dernière que je vous adresse
d'ici...

A Dieu ! Qu'Il vous aide à consommer le sacrifice que vous avez déjà accepté dans vos cœurs ! Je
suis plein de confiance.

20 mai.

Je suis arrivé hier soir à... et, ainsi que les 80
hommes du ...ᵉ versés avec moi dans les chasseurs,
j'ai été habillé ce matin...

J'ai infiniment admiré ce soir la vue sur la mer.
Nous sommes d'ailleurs princièrement logés. On
nous a installés dans un somptueux hôtel, et c'est
bien curieux de voir les petits chasseurs déambuler
parmi les palmiers, les magnolias et les eucalyptus,
comme d'installer son humble paillasse sous les lam-

bris magnifiques. L'hôtel en question était tenu par
des Allemands, et c'est un plaisir que d'y loger :
on se sent un peu en pays conquis.

Des fleurs, partout des fleurs. C'est inouï. Géra-
niums, capucines, roses, rustiques coquelicots se
mêlent aux fleurs exotiques dont je ne connais pas
les noms. Dans les avenues de la ville, les fleurs
d'oranger embaument.

25 mai.

Le bruit court que nous irons renforcer le ...ᵉ
chasseurs à pied. Je suis vraiment heureux d'appar-
tenir à des troupes de premier ordre...

Je me trouve aujourd'hui, depuis qu'on nous a
annoncé le départ, dans un état de calme absolu et
de tranquille confiance. Je considère le service militaire comme un devoir, et j'espère que l'accomplis-
sement de ce devoir ne m'empêchera pas de réaliser d'autres devoirs aussi essentiels et moins suscep-
tibles d'être assurés par le premier venu. En consé-
quence, je compte faire tranquillement et conscien-
cieusement mon petit travail de simple soldat, sans
jamais exposer volontairement ma vie ou rechercher
les actions d'éclat.

Je ne dis pas cela seulement pour vous rassurer, mais parce que, en toute simplicité de cœur, je
pense que, si je sors indemne de la mêlée, ma vie
pourra avoir quelque utilité dans le domaine de

la pensée, de la foi et de la science. Ce n'est peut-
être pas le chemin pour arriver à des citations à
l'ordre du jour, mais c'est la voie la mieux adaptée
à mon cas personnel, et c'est plus « raisonnable »,
en prenant ce mot dans un sens tout autre que le
vulgaire. Je pense que vous me comprenez. Cela ne
signifie pas du tout qu'au moment de l'attaque on
restera en arrière ou que, lorsque le tour sera venu
de marcher, on cherchera à tirer au flanc.

Je ne vous promets pas de revenir intact. Je vous
assure seulement de ne faire ni imprudences, ni
bravades, ni volontaires propositions pour accomplir des tours de force. J'aime trop la vie, la vie
dont vous m'avez si bien appris à comprendre le
prix et l'inestimable charme.

Là-dessus, je vous quitte ; je vous embrasse avec
une ardeur infiniment plus grande que jamais ; je
repasse dans mon cœur les heures si douces passées
jadis ensemble, la si extraordinaire communion
d'âmes qui nous unit à l'heure actuelle, les espéran-
ces glorieuses que nous plaçons ensemble dans
l'avenir.....

A son frère.   *27.mai.*
                    (2 heures avant le départ).

...Notre convoi s'achemine ce soir vers le front.
Je pars dans le plus grand calme et vingt fois moins
ému que le jour du bachot. Quoi qu'il arrive, j'ai

confiance que le triomphe sera à la vie, et que les
biens les plus précieux de notre humanité ne sombre-
ront pas dans cet épouvantable cataclysme. J'ai appris cela en contemplant le splendide renouveau de la
nature, et l'inoubliable floraison dont les champs
du Midi se sont parés en ce printemps...

Dimanche 30 mai.

...Nous sommes garés ici depuis une heure environ, ayant donc mis 25 heures pour faire 520 kilo-
mètres. C'est la proportion.

Nous avons fait le parcours au milieu d'une
grande acclamation, et c'était vraiment touchant
de voir, à chaque fenêtre des maisons, à chaque passage à niveau, des mains s'agiter et nous souhaiter
bon voyage. Près de Mâcon une vieille femme, du
pas de sa porte, envoie des baisers tant qu'elle peut.
J'ai beaucoup admiré, en la traversant une dernière
fois, cette magnifique terre de France que nous
allons défendre ; les lignes du paysage me parais-
saient plus harmonieuses, les maisons plus cossues
et plus pittoresques, les champs cultivés avec plus
d'amour.....

Dans la bataille

[Fragments d'un Journal de campagne]

Lundi 31 mai, 12 heures.

Nous débarquons à X..., où est le bataillon au repos. En cinq sec, on nous habille et on nous affuble de la capote et du képi, en remplacement de notre vareuse et de notre béret d'alpins. Des effets sont là en tas ; que chacun trouve son bien, et qu'il fasse vite ! Nous sommes loin des séances d'habillement de ce bon vieux temps de paix, où l'on avait tout l'après-midi à perdre.

Quelques heures de repos. Nous les employons à nous habituer au bruit de la canonnade. A 17 heures, sac au dos ! On nous emmène aux abris, situés à quelque distance de la ligne de feu. La compagnie sera de la réserve de division. Arrivé à notre gourbi, je tombe de sommeil comme une brute. Nous sommes tout recouverts de sueur ; au réveil, nous nous trouverons glacés.

Mardi 1ᵉʳ juin.

Un clair soleil illumine le feuillage des hêtres, les oiseaux chantent éperdûment sur nos têtes. Par contre, les canons de tous calibres, français et boches, tonnent sans discontinuer. Au seul point de vue musical, le sifflement des marmites serait déjà atroce; il est aigu, faux, méchant. On dirait que ces choses-là ont conscience du mal qu'elles font, et qu'elles tiennent à faire savoir à leurs victimes, dès longtemps à l'avance, le sort qui les attend.

Matinée, après-midi calmes, presque agréables. Je jouis malgré tout de l'enchantement printanier. Où donc est le rêve, et où est la réalité ?

Après la soupe, nous démarrons. Nous ne nous déplaçons que la nuit. A plus forte raison lorsqu'il s'agit d'accomplir la délicate opération qu'est la relève des tranchées. Car c'est aux tranchées, à ces fameuses tranchées de 1914-1915, que nous nous portons.

La nuit tombe ; nous nous engageons dans un système interminable et très compliqué de boyaux. Nous marchons là des heures durant ; à un moment il y a erreur, notre section doit revenir loin en arrière. Cette marche sac au dos, dans les boyaux et les lignes de tranchées extrêmement étroits, encombrés d'obstacles et de soldats qui veillent, est on ne peut plus pénible, surtout pour moi qui suis de très grande taille, et qui dois à chaque instant me casser en deux. Sur nos têtes, et par-dessus les parapets, les obus et les balles sifflent. C'est presque un plaisir d'entendre cette seconde espèce de projectiles, tant la première est horrible.

Enfin, nous arrivons au secteur que nous devons défendre. Déjà le jour commence à poindre. Nous sommes en extrême pointe dans un saillant avancé de notre front. Les Marocains ont conquis du terrain par là ; on y a dessiné une tranchée. Il s'agit de l'approfondir vivement, car le temps s'annonce marmiteux. A peine arrivés, encore tout ruisselants de sueur, altérés, les yeux gonflés de sommeil, nous nous mettons à l'œuvre. Les Boches, chose curieuse, nous laissent tranquilles. Point d'obus dirigés sur notre tranchée, à peine quelques balles. A dix heures, au moment de la soupe, la tranchée aura plus de deux mètres de haut. Malheureusement les abris intérieurs pour se blottir en cas de bombardement ne sont pas encore creusés ; or la soupe n'est pas absorbée que, pour nous faciliter la digestion, ces Messieurs nous administrent une haute dose d'obus de 76 (1).

Pendant une heure et demie, nous restons au fond de notre tranchée, blottis sous la rafale, recroquevillés sur nous-mêmes, le sac couvrant la tête et la poitrine. Il est évident que nous avons été repérés pendant que nous jetions nos pelletées de terre sur

(1) Il doit s'agir ici du canon autrichien de 76.5, appelé encore pièce de campagne de 8 çm., modèle 1905 (N. d. E.).

le parapet. Ce qui nous sauve, c'est que la portée du tir n'est pas bien exactement réglée, et un obus qui ne tombe pas juste dans la tranchée est presque inoffensif. C'est pourquoi l'on fait les tranchées et les boyaux si étroits. Dans cette guerre, l'art de détruire n'a d'égal que l'art de se mettre à couvert.

Mais c'est bien à ces considérations-là que je pense ! Sous l'interminable bombardement vos chères figures me reviennent à l'esprit comme par des éclairs. A la direction du sifflement, je reconnais si l'obus vient sur moi ou sur un autre point de la tranchée. C'est alors un serrement de cœur ou un « ouf ! » de soulagement. Dans ces moments-là on découvre le fond prodigieux et formidable d'égoïsme qui réside en nous.

Enfin ces sacrés petits canons autrichiens se taisent. Ils pensent peut-être avoir complètement bouleversé la tranchée, et, en somme, pas grand mal ; deux tués dans la compagnie, quelques blessés. Par un très heureux hasard, aucun projectile ne s'est glissé dans la tranchée pour s'y répandre de toutes parts.

Pendant ce premier marmitage, si j'ai eu parfois très peur, j'ai en somme gardé mon sang-froid et mon calme d'esprit relatif. Du reste, les anciens de la compagnie restent très maîtres d'eux-mêmes. Pendant une légère accalmie, l'un d'eux se lève, va chercher le « rabiot » de café que les Boches ne lui ont pas laissé déguster.

Maintenant ce sont nos petits 75 qui ont la parole,

et c'est un bruit que je préfère. Ils tapent dur sur les lignes boches, et nous éprouvons une intime jouissance à voir la monnaie de la pièce si bien rendue. L'expression « duel d'artillerie », chère au communiqué, doit commencer à vous laisser froids, on vous l'a si souvent ressassée ! Je vous assure que la chose est singulièrement poignante quand on est sous la trajectoire des projectiles des deux camps et que, de la démolition de l'une ou de l'autre des batteries adverses, votre tranquillité, votre vie peut-être dépendent.

Assisté vers la fin de l'après-midi à plusieurs canonnades d'avions français par l'artillerie boche. Nos braves aviateurs s'en sont tirés ; on les voit infiniment plus que leurs collègues allemands.

La soupe arrive, vive la soupe ! Il faut aller la chercher jusqu'à la cuisine roulante, et, par conséquent, à l'extrémité des systèmes de boyaux. C'est une corvée que je n'ai pas encore faite, et que je ne tiens pas à faire de sitôt.....

Soirée calme. Profitons de cette absence d'incidents pour décrire une soirée aux tranchées de première ligne. Dès la nuit tombée, la surveillance devient beaucoup plus active aux créneaux. De part et d'autre, les fusées s'allument en moyenne de trois en trois minutes, elles viennent éclairer le terrain et faciliter la tâche au guetteur. Les fusées françaises, magnifiques, infiniment plus belles que toutes celles qu'on voit dans les feux d'artifices, tiennent très longtemps en l'air et fouillent jusqu'aux moindres replis du secteur de surveillance. Elles éclairent toutes choses de leur lumière féerique, les tranchées et les terrassements boches, les camarades qui veillent à nos côtés, les quelques troncs d'arbres calcinés qui subsistent seuls du « bois » que nous tenons. La tiraillerie ne cesse pour ainsi dire pas entre les lignes de tranchées ; la plupart du temps on tire au hasard ou sur un objet suspect qui vous a semblé remuer. Quant à l'artillerie ennemie, elle veut bien se taire certaines nuits ; mais quand la mauvaise humeur la prend, elle ne s'arrête pas du soir au matin...

Mercredi 2 juin.

A 0 h. 15, alerte ! Les Boches sont annoncés. Ils se sont heurtés à une patrouille que nous avions envoyée. Les nôtres rentrent dans la tranchée et le combat commence.

Mêlée très confuse, comme toutes les actions nocturnes. Tout à coup, à un détour de la tranchée, un Boche tombe sur moi. J'ai un très court moment de frayeur. Heureusement le Boche est déséquipé ; il est sans doute venu « faire camarade », et mon compagnon de tranchée a dû me le passer d'un coup d'épaule ou de pied. Et moi-même je l'envoie à l'arrière... Le misérable a l'air épouvanté. C'est bien moins nous qu'il craint que ses congénères. Peut-être ces derniers ont-ils déjà pris pied dans la tranchée, et, s'ils saisissaient le déserteur, ils le fusilleraient sans jugement.

Par bonheur, les Boches reculent ; je comprends si peu de chose au combat que je suis encore à me demander pourquoi. Probablement n'avaient-ils prononcé l'attaque qu'à contre-cœur et sans espoir de succès, car sans résolution, sans volonté de vaincre, il n'y a pas de victoire possible. Les prisonniers faits au cours des actions de ces derniers jours déclarent qu'avant de sortir ils étaient convaincus de l'impossibilité de la réussite de l'attaque.

On tire jusqu'à la gauche sur les fuyards. Mon canon de fusil est si chaud que je me brûle la main en le touchant.

Au lever du jour, on demande un soldat qui parle allemand. Des Boches veulent se rendre, assure-t-on. Je m'approche et, de la tranchée, j'entame la conversation à haute voix. Je constate que ces bipèdes se moquent de nous, ce dont je me doutais un peu.

Dans la matinée, je m'assoupis dans la tranchée ; il y a là comme des niches où nous jouissons contre les obus d'une immunité relative.

Quelques heures très calmes. Cependant, vers 11 h., le bombardement reprend, plus mauvais qu'hier. Mais tout est une question d'habitude. On y fait déjà moins attention.

La journée passe ; nous encaissons une canonnade presque ininterrompue. Mais très peu de victimes ce jour-là. Il faut aux artilleurs non seulement de la science, mais de la chance, pour faire tomber leurs projectiles dans l'étroit et zig-zagant boyau.

De bonne heure dans la nuit nous sommes relevés. Nous allons aux abris ; aux abris nous sommes presque mieux qu'au repos ; les obus n'y tombent guère, ou pas du tout, et l'on est bien moins embêté qu'au cantonnement pour les corvées et le service. Nous dormons la nuit dans des huttes de branchages et sommeillons le jour sous le grand ciel.

" *Nous avons tenu !* "

[Le journal de campagne ne se poursuit pas plus avant.
Bien qu'il fût écrit aux heures de repos relatif, sa rédaction
était trop difficile et prenait trop de temps. Le récit continue dans les lettres ci-dessous, d'une manière naturellement
bien plus hachée et bien moins détaillée.

Les journées des 1er et du 2 juin avaient été dures. Celles
du 5 et du 6 devaient être effroyables.]

7 juin.

Je sors très fatigué, mais indemne, des très durs
combats que nous avons livrés samedi (le 5) et
dimanche (le 6). Nous sommes restés 36 heures
blottis au fond de nos tranchées sous un bombardement intense et ininterrompu. Les anciens, ceux
qui ont fait l'Alsace, la Belgique et six mois de
Lorette, en pleuraient. « Nous n'avons jamais rien
vu de pareil ! » Nous sommes revenus 13 de la section, sur 40 qu'elle comptait il y a 8 jours. Un de
mes camarades, qui avait voyagé depuis..... dans le
même compartiment que moi, a eu le crâne fracassé.

Heures épouvantables !

Maintenant nous sommes au repos, et pour 8 jours
au moins.....

9 juin.

Je ne vous écris pas encore de lettre aujourd'hui ;
je suis toujours très fatigué ; ce sera pour ce soir
ou pour demain. Dans la tranchée, par un rude
effort de volonté, j'ai parfaitement tenu le coup,
qui fut rude ; et c'est pendant ces premiers jours
de repos que la défaillance s'est produite. Je suis
cependant moins apathique aujourd'hui qu'hier et
avant-hier.....

A ses parents.   *10 juin.*

Des tranchées, vous ne recevez pas souvent de
mes nouvelles : on y a d'autres soucis en tête que
d'écrire. Mais je profite des nombreux moments de
loisir que nous laisse la vie du cantonnement pour
vous envoyer de nombreux détails, et, bien plus
encore, pour jouir de cet immense bonheur qu'est
une conversation avec vous.

...J'ai peu de choses à vous dire de mon second
séjour aux tranchées, les 5 et 6 juin. La seule
comparaison qui me vienne à l'esprit vous paraîtra
bizarre ; elle est cependant assez exacte ; c'était
comme la douleur ininterrompue, énervante, abrutissante d'un caustique, non la rage qui s'étend sur
quelques heures, mais la souffrance continue qui
vous dévore des journées entières.....

Les unités combattantes ayant besoin de renforts
considérables, nous entrâmes dans le réseau des
tranchées dès l'après-midi du 5. Mais, avant même
d'être arrivés à nos postes de combat, nous fûmes
surpris par une canonnade épouvantable. Dans la
nuit seulement nous parvînmes au coin de tranchée
que la section devait occuper. Toute la soirée, toute
la première partie de la nuit, les obus tombèrent
espacés l'un de l'autre de quelques secondes au
plus ; ce fut un déchaînement insensé de force brutale et destructive, ce fut tout ce qu'on pouvait
attendre du génie boche ! Par bonheur les ravages
sont moins terribles que tout à l'heure dans nos
rangs, la nuit gêne peut-être les artilleurs.

Quelques heures à peine de calme avant le point
du jour. Dès l'aube, le déversement d'obus reprend
sur nos têtes ; je préfère ne pas vous raconter tout
ce que j'ai vu : ce serait trop atroce et monotone.
Les vieux pleuraient. Un de mes camarades d'.....
sort effaré, prostré, de son trou qui a été démoli. Il
est comme fou. Je le prends avec moi dans mon
abri, je le réconforte comme on fait pour un enfant.
Et lui, dans sa conversation presque délirante, s'é-
crie tout à coup : « Je suis sur toi comme sur
papa ! »

Vers le soir, je m'aperçois que la journée sans
nom que nous venons de passer est un dimanche !
Cela fait mal d'y penser.

Encore dans la nuit du dimanche au lundi, le
bombardement reste incessant. Quand, vers 3 heures

du matin, nous serons relevés, nos nerfs seront brisés.

Malgré tout, nous aurons rempli notre mission. Il fallait « tenir à tout prix » (ordre du général), et nous avons tenu. Les Boches espéraient bouleverser et désorganiser la tranchée, pour la prendre ensuite d'assaut. Ils avaient massé de gros effectifs devant nous. Ils n'ont même pas osé attaquer.

Si jamais on peut sortir de ces réseaux de tranchées, je suis sûr qu'on aura les Boches, et très vite.

Puis, sur la grande route qui restera fameuse, ce fut, dans le brouillard, le retour des poilus. Le tableau célèbre de la retraite des grognards derrière Napoléon me revient à l'esprit. Hâves, salés nous étions, et combien fatigués !...

A ses parents.   *11 juin.*

...Je vous ai jusqu'ici parlé uniquement de la vie de tranchées ; quelques mots maintenant sur une autre face de notre existence de « bonhommes ».

Le 7 juin, au retour des tranchées, on nous conduisit à X..., très laide et très sale cité de mineurs. On nous cantonna 15 par maison de coron. Je garde un souvenir très vague de cette localité. J'y suis resté trois jours dans l'état d'abrutissement le plus complet. Toute démarche, même insignifiante, m'était extrêmement pénible. Je dormais ou me reposais toute la journée. Depuis hier, nous sommes cantonnés à

Y..., encore dans des corons, et ce m'est un enchantement que de voir des lignes d'arbres, des prés, car
les paysages qu'on peut regarder des créneaux des
tranchées sont désolés, atroces.....

A un ami.   *12 juin.*

... Le sacrifice de ma vie est fait. Il peut avoir
une valeur au point de vue moral et personnel ; il
serait ridicule d'exagérer son importance militaire.
Dans ces innombrables rassemblements d'hommes,
on se sent l'infiniment petit. Qu'une balle me para-
lyse, la bataille continuera à développer ses gigantesques moments. Quelle leçon d'humilité et de
saine philosophie ! Seul, l'instinct du devoir pré-
serve de la désespérance et rend cette vie elle-
même passionnante et digne d'être vécue...

A ses parents.   *Dimanche 13 juin.*

Je vous écris assez confortablement installé sur
un caisson de cartouches, dont le dessus forme pu-
pitre. Il est 4 heures, et un soleil blafard continue
à répandre sur nous sa chaleur lourde. C'est la vue
d'un peu de beauté qu'il me faudrait pour que le
repos fût absolument complet, et ce n'est pas ce
pays minier qui me satisfera à cet égard.

Du reste je suis en excellente forme à présent, et très prêt à subir une nouvelle épreuve. Si le bataillon n'est pas encore retourné au feu, c'est probablement qu'on attend un détachement de renfort bien nécessaire. Je ne puis vous dire si c'est demain, après-demain ou dans quelques jours seulement, que nous retournons dans la fournaise.

Présentement je profite du repos pour réaliser le but qu'il doit avoir : la réfection complète du corps et de l'esprit.

Je constate que, pour remplir les très nombreux loisirs que nous avons, un important service de ravitaillement intellectuel m'est nécessaire. Ce que vous pouvez m'envoyer, ce sont des brochures, des revues. Fouillez de temps à autre la devanture des libraires pour voir un peu ce qui pourrait m'intéresser. Quand on s'est attaché aux études comme je m'y suis attaché, le manque complet de pâture intellectuelle devient intolérable.

" *Ne me plaignez pas !* "

———

A ses parents.   *14 juin.*

Vous voyez que la période de repos se prolonge ; jusqu'à quand durera-t-elle ? Je l'ignore, mais je continue à en jouir, surtout au point de vue somnifère et digestif...

Je vous écrirai plus longuement demain. Je crois opportun de ma part de multiplier les messages et de diminuer ainsi, dans toute la mesure du possible, vos appréhensions. De tous les ennuis que j'ai, le plus gros est le souci que vous vous faites à mon égard. J'aurais tant voulu rendre votre vie heureuse, et les circonstances font que je devienne pour vous un sujet d'angoisses !

Sachez-le bien, je ne commets aucune imprudence inutile, ni surtout celle de passer la tête sur le parapet de la tranchée. Et puis, tous les soucis que vous pouvez vous faire ne changent rien à ce qui peut arriver. Il est inutile enfin de voir les choses en noir, quand l'avenir peut-être ne me réserve rien de fâcheux.

A ses parents.   *15 juin.*

Qu'au moins cette carte vous apporte une tendre pensée !

Je ne puis vous écrire longuement ce soir comme j'aurais voulu le faire ; nous partons dans quelques instants, sinon immédiatement pour les tranchées, du moins pour la ligne de feu (les abris). C'est bien notre tour, il n'y a qu'à s'incliner.

Je vous embrasse aujourd'hui avec une tendresse plus grande que jamais.

. . . .

. . . .

. . . .

[Lorsque ce billet parvint à destination, celui qui l'avait écrit avait déjà cessé de vivre. Le 17 juin, à l'aube, au moment où il sortait de la tranchée pour l'attaque, une balle lui avait troué la poitrine, et il avait expiré quelques heures après.

Sur le chemin qui monte, l'étape dernière, la plus douloureuse, était franchie.....

Les deux fragments qui suivent, trouvés plus tard dans

des papiers personnels, montrent dans quels sentiments l'épreuve suprême avait été envisagée, dans quel esprit le sacrifice avait été accompli.]

I

Mes chers parents, mes chers amis,

Le moment du départ pour le front approche. J'ignore tout de ce que l'avenir me réserve. Pour le cas où la mort viendrait me trouver sur le chemin de la victorieuse offensive, je trace ces lignes. Elles seront l'expression de mes dernières pensées, les dernières et intimes paroles du fils qui quitte le foyer tendrement aimé, de l'ami qui se sépare, pour toujours peut-être, de ses amis. Donc, ce soir, asseyons-nous ensemble et causons.

Le sentiment qui, à l'heure actuelle, remplit tout mon être, ce n'est point l'écrasement dans les circonstances qui me pressent, ce n'est point la douleur d'un sacrifice qui doit être total, sinon dans les faits, du moins dans le principe et dans mon cœur, c'est tout au contraire un sentiment profond de joie et de liberté ! Mon âme déborde de reconnaissance ; mon esprit est rempli du souvenir des bénédictions dont Dieu, par vous, a semé mon chemin. Ma volonté accepte librement la destinée qui m'est faite, et mon être tout entier s'exalte à la pensée de servir, même obscurément, anonymement, la cause de la liberté, du progrès de notre race humaine.

Donc, ne me plaignez pas ; non, ne me plaignez pas ! La vie me laisse un souvenir si doux !...

II

UNE INTIME CONVERSATION

Reconnaissance. Joie de la vie. Belles heures passées ensemble à la maison. Tendresse filiale. Fraternité. Amitié dans le même idéal.

Joie des études et de la pensée.

Mais peut-être plus encore, et plus profondément, joie de sentir une mission, de trouver une voie, une voie utile à l'humanité.

Travailler à l'enrichissement de la race humaine ; plus précisément, à la formation de personnalités ; plus précisément encore, à la formation religieuse des personnalités.

Rendre plus prochaine et plus vivante la figure de Jésus par la pensée et par la vie. Montrer que les pensées chrétiennes sont les lois de la vie humaine. Les paroles de Jésus si profondes ; la Croix, la Résurrection. Donner soi-même un exemple de cette vie. L'épreuve et les accidents. La vie unifiée et l'action intensifiée. Joie.

Amour de ce qui, pensées ou actes, est remarquable chez les alliés ou les adversaires. Chevalier du bien, serviteur de l'humanité sans sectarisme.

La guerre, devoir douloureux. Sentiments dans lesquels je m'y engage : Regrets de n'avoir pas eu assez de puissance pour exercer une influence au cantonnement. Espoir d'avoir sur la ligne de feu une action plus profonde, donner de la lumière. Espoir aussi d'apprendre à mieux connaître la vie, de comprendre de façon plus réaliste les lois du devoir et du service. « O Dieu ! apprends-moi, non à *subir* mon sort, mais à le *vouloir !* » La grande leçon de la guerre actuelle : on ne vit pas pour soi, mais pour quelque chose de plus grand que soi.

Le devoir parfaitement clair malgré mon immense amour de la vie ; si je meurs, je mourrai sans amertume et sans rancœur. Je dois avoir assez d'humilité pour penser que, sans moi, plus profondément que par moi, le grand mouvement de pensée religieuse, dont de toutes parts se manifestent les prodromes, se manifestera.....

Table des Matières

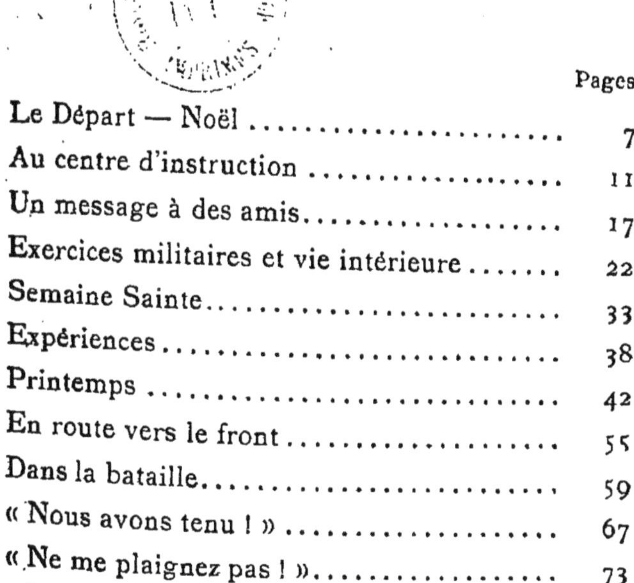

CAHORS, IMPRIMERIE COUESLANT. — 19.658

9 782019 921941